SPIS TREŚCI

ZACZYNAJMY! 4

NOWI PRZYJACIELE 6

JAKI DZIŚ DZIEŃ? 8

CZAS NA MAŁE CO NIECO 10

KTO JEST KIM 12

ODLOTOWA MODA 14

TECHNOMANIAK 16

PO SZKOLE 18

W MIEŚCIE 20

ZAKUPY „Z GŁOWĄ" 22

WESOŁA SZKOŁA 24

TAM I Z POWROTEM 26

PRACA SIĘ OPŁACA 28

JAK SIĘ CZUJESZ? 30

ZASADY WYMOWY 32

ZACZYNAJMY!

**Czy znasz język angielski?
Angielski to jeden z najczęściej
używanych języków na świecie,
w którym mówi ponad jeden
miliard ludzi. Nasza książeczka
pomoże ci nauczyć się z nimi
rozmawiać.**

Poznasz 500 niezbędnych słów
oraz wyrażeń, które ułatwią ci komunikowanie
się w różnych sytuacjach, takich jak
poznawanie nowych przyjaciół, kupowanie
ubrań czy poruszanie się po mieście.

Podajemy tłumaczenie każdego angielskiego
słowa i jego wymowę.

bread . . . . .Słowo po angielsku
bred . . . . .Zbliżona wymowa
chleb . . . . .Słowo po polsku

Dodatkowe informacje o wymowie słów w
angielskim podajemy na stronie 32.

**Poniżej znajdują się nazwy niektórych
krajów, w których używa się języka
angielskiego:**

United Kingdom ju-NAJ-tyd KING-dym Zjednoczone Królestwo	Australia o-STREI-lia Australia	New Zealand nju ZI-lend Nowa Zelandia
United States ju-NAJ-tyd stejts Stany Zjednoczone	Ireland A-jer-lend Irlandia	India IN-dja Indie
Canada KA-ny-da Kanada	South Africa sauth A-fry-ka Republika Południowej Afryki	Jamaica dży-MEJ-ka Jamajka
		Nigeria naj-DŻIR-ja Nigeria

EVERYDAY ENGLISH FOR POLISH SPEAKERS

Rozmówki angielskie dla Polaków

Sue Finnie i Danièle Bourdais

Tłumaczenie Maja Zrobecka

ticktock

Copyright © **ticktock Entertainment Ltd** 2008
First published in Great Britain in 2008 by **ticktock Media Ltd**,
2 Orchard Business Centre, North Farm Road, Tunbridge Wells, Kent, TN2 3XF

written by Sue Finnie and Danièle Bourdais
Polish translation by Maja Zrobecka
ticktock project editor: Joe Harris
ticktock project designer: Simon Fenn
ticktock picture researcher: Lizzie Knowles
Polish language consultant: Magdalena Gryczmanska

ISBN-13: 978 1 84696 786 3 pbk

Printed in China

Picture credits (t=top; b=bottom; c=centre; l=left; r=right):
age fotostock/ SuperStock: 25t. BananaStock/ SuperStock: 10tr, 11tc, 16tl, 16tr, 21tl. Corbis/ SuperStock: 10tl. Creatas/ SuperStock: 23tl. ImageSource/ SuperStock: 8tr, 12t. iStock: 1, 5b, 6tc, 7bl, 8bl, 9tl, 11c x2, 13t (sister), 13c (uncle), 13b (snake), 15tr, 15cr, 15bl, 15fbc, 16cr, 16bl, 19tc, 19tr, 20tl, 20c (coffee), 20bl (hotel), 22c (dress), 24cr, 27tl, 27tr, 28tl, 28cl, 29tl, 29cl, 29cc, 29bl, 29bc, 30tl, 30cl, 30cr, 31tl, 31tc, 31cr, 31bc x2. Jupiter Images: 12b, 14b, 18tl, 26tl, 29br, OBCb. Photo alto/ SuperStock: 31cr. Photodisc/ SuperStock: 7br. Photolibrary Group: 26tr. Purestock/ SuperStock: 7tr, 24tl. Shutterstock: OFC, 2, 4 all, 5c, 6tl, 6tr x2, 6b all, 7tl, 7tc, 7c all, 8b (clocks), 9b all, 10b all, 11tl, 11tr, 11cl, 11cr, 11b all, 12c, 13 all, 14t, 14cl, 14cr, 15tl, 15tc x2, 15cl, 15cc x2, 15bc x2, 15br, 15fbl, 15fbc, 15fbr, 16cl, 16br, 17 all, 18tr, 18c all, 18b all, 19b all, 20tr, 20b all, 21tr, 21b all, 22 all, 23tr, 23b all, 24tr, 24cl, 24c, 24b all, 25cl, 25cr, 25b all, 26b all, 27bl, 27br, 28tc, 28tr, 28cc, 28bl, 28bc x2, 28br, 29tc, 29tr, 29cr, 30tc, 30tr, 30cc, 30bl, 31tr, 31cc, 31bl, 31br x2, 32cr, OBCt. ticktock Media archive: 5t. Neil Tingle/ actionplus: 19tl. David Young-Wolff/ Alamy: 8tl.

Every effort has been made to trace copyright holders, and we apologise in advance for any omissions. We would be pleased to insert the appropriate acknowledgments in any subsequent edition of this publication.

CZY WIECIE, ŻE...

- W skład Zjednoczonego Królestwa Wielkiej Brytanii i Irlandii Północnej wchodzi Anglia, Szkocja, Walia oraz Irlandia Północna.

- W Zjednoczonym Królestwie mieszka około 60,5 miliona ludzi.

- Waluta brytyjska nazywa się funt (£).

- Stolicą Anglii jest Londyn, a zegar Big Ben to jeden z najpopularniejszych zabytków miasta.

Wielka Brytania
♦ Londyn
♦ Warszawa
Polska

WAŻNE SŁOWA

Yes.	Maybe.	I don't know.
Yes.	MEJ-bi.	Aj dount nou.
Tak.	Może.	Nie wiem.
No.	Of course!	Sorry.
Nou.	Ow kors!	Sori.
Nie.	Oczywiście!	Przepraszam.

NIE ROZUMIEM!

Gdy kogoś nie zrozumiesz, z pomocą przyjdą ci poniższe zwroty:

I don't understand.
Aj dount an-dyr-STEND.
Nie rozumiem.

Please speak more slowly.
Pliz spik mor SLOU-li.
Czy możesz mówić wolniej?

Could you repeat that, please.
Kud ju ry-PIT zet, pliz.
Czy możesz powtórzyć?

How do you say...?
Hał du ju sej...?
Jak powiedzieć...?

Go for it! Have fun! Good luck!
Gou for yt! Hew fan! Gud lak!
Zatem zaczynajmy. Życzymy miłej zabawy i powodzenia!

NOWI PRZYJACIELE

What's your name?
Łots jor nejm?
Jak masz na imię?

My name's Anna.
Maj nejmz Anna.
Nazywam się Anna.

Hello!	Hi!
He-LOU!	Haj!
Dzień dobry!	Cześć!

What languages do you speak?
Łot LEN-gły-dżys du ju spik?
Jakie znasz języki?

I speak English and Polish.
Aj spik YN-glysz and POU-lysz.
Mówię po angielsku i po polsku.

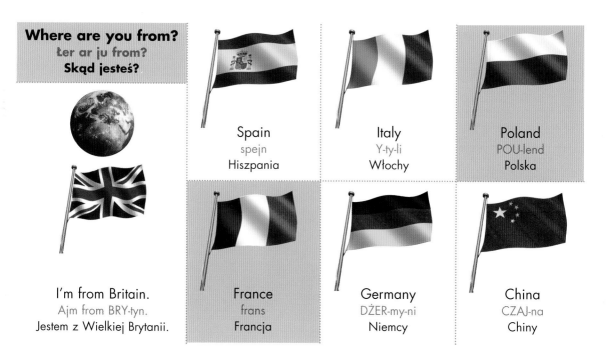

Where are you from?
Łer ar ju from?
Skąd jesteś?

I'm from Britain.
Ajm from BRY-tyn.
Jestem z Wielkiej Brytanii.

Spain
spejn
Hiszpania

Italy
Y-ty-li
Włochy

Poland
POU-lend
Polska

France
frans
Francja

Germany
DŻER-my-ni
Niemcy

China
CZAJ-na
Chiny

I have a boyfriend/
a girlfriend.
Aj hew e BOJ-frend/
e GERL-frend.
Mam chłopaka/
dziewczynę.

Can you give me your
mobile number?
Ken ju gyw mi jor
MOU-bajl NAM-ber?
Czy dasz mi numer
swojej komórki?

Do you want to dance
with me?
Du ju łont tu dans łyz mi?
Czy chcesz ze mną zatańczyć?

What are you into?
Łot ar ju yntu?
Czym się interesujesz?

sport
sport
sport

films
fylmz
filmy

fashion
FA-szyn
moda

dancing
DAN-syn
taniec

video games
WYD-jou gejms
gry komputerowe

Can you give me your email
address?
Ken ju gyw mi jor i-mejl a-DRES?
Czy dasz mi swój adres email?

My email is...
Maj i-mejl yz...
Mój email to...

Good bye!
Gud baj!
Do widzenia!

See you soon!
Si ju sun!
Do zobaczenia
wkrótce!

JAKI DZIŚ DZIEŃ?

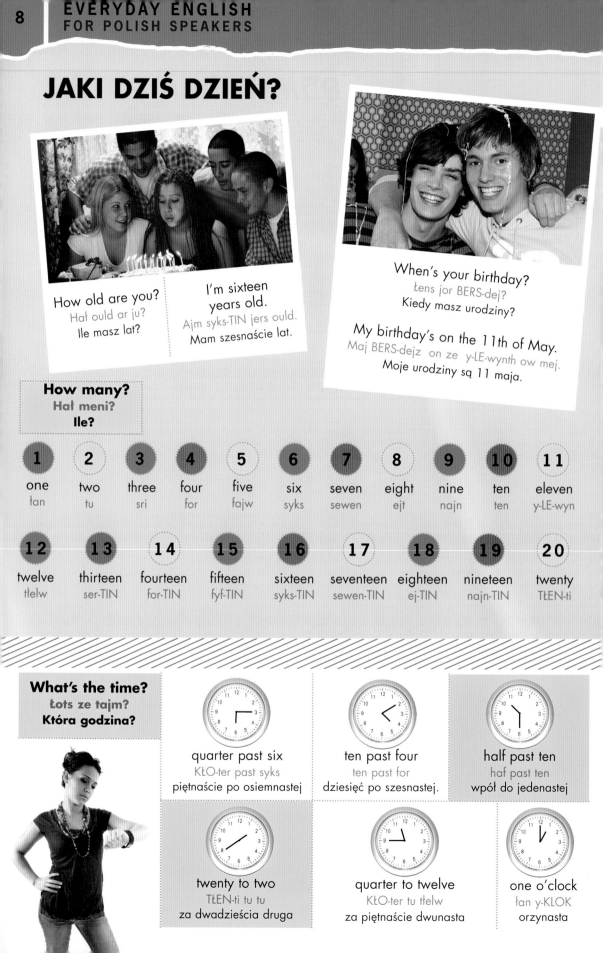

How old are you?
Hał ould ar ju?
Ile masz lat?

I'm sixteen years old.
Ajm syks-TIN jers ould.
Mam szesnaście lat.

When's your birthday?
Łens jor BERS-dej?
Kiedy masz urodziny?

My birthday's on the 11th of May.
Maj BERS-dejz on ze y-LE-wynth ow mej.
Moje urodziny są 11 maja.

How many?
Hał meni?
Ile?

1	2	3	4	5	6	7	8	9	10	11
one	two	three	four	five	six	seven	eight	nine	ten	eleven
łan	tu	sri	for	fajw	syks	sewen	ejt	najn	ten	y-LE-wyn

12	13	14	15	16	17	18	19	20
twelve	thirteen	fourteen	fifteen	sixteen	seventeen	eighteen	nineteen	twenty
tłelw	ser-TIN	for-TIN	fyf-TIN	syks-TIN	sewen-TIN	ej-TIN	najn-TIN	TŁEN-ti

What's the time?
Łots ze tajm?
Która godzina?

quarter past six
KŁO-ter past syks
piętnaście po osiemnastej

ten past four
ten past for
dziesięć po szesnastej.

half past ten
haf past ten
wpół do jedenastej

twenty to two
TŁEN-ti tu tu
za dwadzieścia druga

quarter to twelve
KŁO-ter tu tłelw
za piętnaście dwunasta

one o'clock
łan y-KLOK
orzynasta

Days of the week
Dejz ow ze łik
Dni tygodnia

See you at seven o'clock on
Friday evening.
Si ju et sewen y-KLOK on
FRAJ-dej YW-nyn.
Do zobaczenia o dziewiętnastej
w piątek.

Monday
MAN-dej
poniedziałek

Tuesday
TJUZ-dej
wtorek

Wednesday
ŁENZ-dej
środa

Thursday
SERZ-dej
czwartek

Friday
FRAJ-dej
piątek

Saturday
SA-tyr-dej
sobota

Sunday
SAN-dej
niedziela

The year
Ze jer
Rok

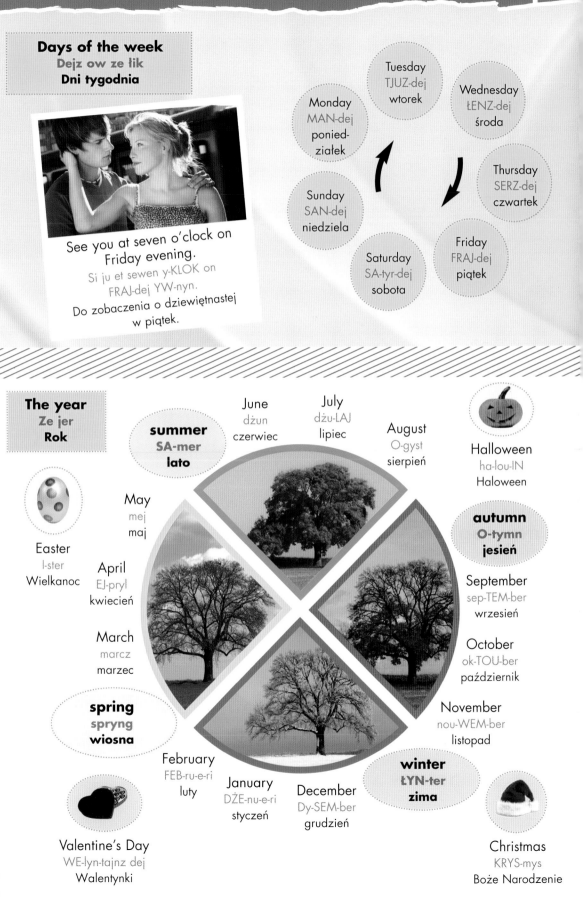

summer
SA-mer
lato

June
dżun
czerwiec

July
dżu-LAJ
lipiec

August
O-gyst
sierpień

Halloween
ha-lou-IN
Haloween

autumn
O-tymn
jesień

September
sep-TEM-ber
wrzesień

October
ok-TOU-ber
październik

November
nou-WEM-ber
listopad

May
mej
maj

April
EJ-pryl
kwiecień

March
marcz
marzec

Easter
I-ster
Wielkanoc

spring
spryng
wiosna

February
FEB-ru-e-ri
luty

January
DŻE-nu-e-ri
styczeń

December
Dy-SEM-ber
grudzień

winter
ŁYN-ter
zima

Valentine's Day
WE-lyn-tajnz dej
Walentynki

Christmas
KRYS-mys
Boże Narodzenie

CZAS NA MAŁE CO NIECO

What would you like?
Łot łud ju lajk?
Co podać?

My favourite meal is hamburger
and milkshake!
Maj FEJ-wo-ryt mil yz HEM-ber-ger
end MYLK-szejk!
Moje ulubione danie to hamburger
i koktajl mleczny!

Menu
Menju
Menu

chicken
CZY-kyn
kurczak

pasta
PA-sta
makaron

bread
bred
chleb

ham
ham
szynka

a sandwich
e SAND-łycz
kanapka

green vegetables
grin WE-dży-ty-byls
warzywa

chips
czyps
frytki

a mixed salad
e mikst SA-lyd
sałatka rozmaitości

a pizza
e PI-ca
pizza

soup
sup
zupa

I drink milk in the morning.
Aj drynk mylk yn the MOR-nyn.
Rano pije mleko.

I eat salad every day.
Aj it SA-lyd ewri dej.
Codziennie jem sałatkę.

I hate fruit!
Aj hejt frut!
Nie cierpię owoców!

Drinks
Drynks
Napoje

an orange juice
en O-ryndż dżus
sok
omarańczowy

a glass of water
e glas ow ŁO-tyr
szklanka wody

a hot chocolate
e hot CZO-klyt
gorąca czekolada

a fizzy drink
e fyzi drynk
napój gazowany

Ice cream
Ajs krim
lody

What flavours have you got?
łot FLEJ-wyrz hew ju got?
Jakie są smaki?

coffee
KO-fi
kawowe

vanilla
wy-NY-la
waniliowe

strawberry
STROU-be-ri
truskawkowe

chocolate
CZO-klyt
czekoladowe

lemon
LE-myn
cytrynowe

mint
mynt
miętowe

KTO JEST KIM

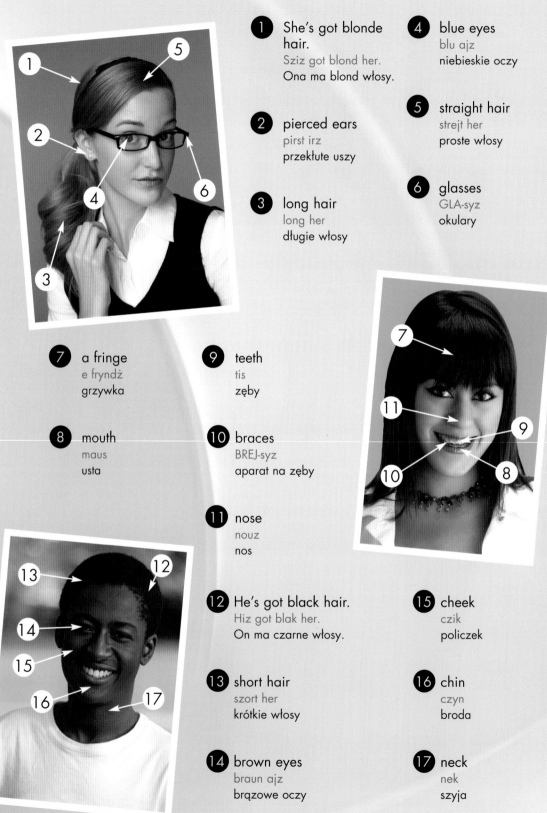

1 She's got blonde hair.
Sziz got blond her.
Ona ma blond włosy.

4 blue eyes
blu ajz
niebieskie oczy

2 pierced ears
pirst irz
przekłute uszy

5 straight hair
strejt her
proste włosy

3 long hair
long her
długie włosy

6 glasses
GLA-syz
okulary

7 a fringe
e fryndż
grzywka

9 teeth
tis
zęby

8 mouth
maus
usta

10 braces
BREJ-syz
aparat na zęby

11 nose
nouz
nos

12 He's got black hair.
Hiz got blak her.
On ma czarne włosy.

15 cheek
czik
policzek

13 short hair
szort her
krótkie włosy

16 chin
czyn
broda

14 brown eyes
braun ajz
brązowe oczy

17 neck
nek
szyja

Here's my family.
Hjerz maj FE-mli.
Oto moja rodzina.

Have you got any brothers
and sisters?
Hew ju got eni BRA-zers end SYS-ters?
Czy masz brata albo siostrę?

I've got two brothers and
a sister.
Ajw got tu BRA-zers end e SYS-ter.
Mam dwóch braci i siostrę.

my dad
maj dad
mój tata

my mum
maj mam
moja mama

my brother
maj BRA-zer
mój brat

my sister
maj SYS-ter
moja siostra

me
mi
ja

my grandmother
maj GRAND-ma-zer
moja babcia

my grandfather
maj GRAND-fa-zer
mój dziadek

my cousin
maj KA-zyn
mój kuzyn

may aunt
maj aunt
moja ciocia

my uncle
maj AN-kyl
mój wujek

Pets
Pets
Zwierzęta domowe

Have you got any pets?
Hew ju got eni pets?
Czy masz zwierzęta?

a mouse
e maus
mysz

a hamster
e HAM-ster
chomik

I've got a dog.
Ajw got e dog.
Ja mam psa.

a budgie
e BA-dżi
papużka

a cat
e kat
kot

a goldfish
e GOULD-fysz
złota rybka

a rabbit
e RE-byt
królik

a snake
e snejk
wąż

ODLOTOWA MODA

My favourite clothes are jeans
and t-shirts.
Maj FEJ-wo-ryt klouz ar dżinz end TI-szertz.
Moje ulubione ubranie to dżinsy i koszulka.

Can I try this on?
Ken aj traj zys on?
Czy mogę to przymieżyć?

Does it suit me?
Daz yt sut mi?
Czy to mi pasuje?

Yes, it looks great!
Jes, yt luks grejt!
Tak, wygląda świetnie!

I wear trainers at the weekend.
Aj łer TREJ-nerz et ze łik-END.
W weekend noszę tenisówki.

blue	green	yellow	orange	red	pink	purple	black	white
blu	grin	JE-lou	O-ryndż	red	pynk	PER-pyl	blak	łajt
niebieski	zielony	żółty	pomarańczowy	czerwony	różowy	fioletowy	czarny	biały

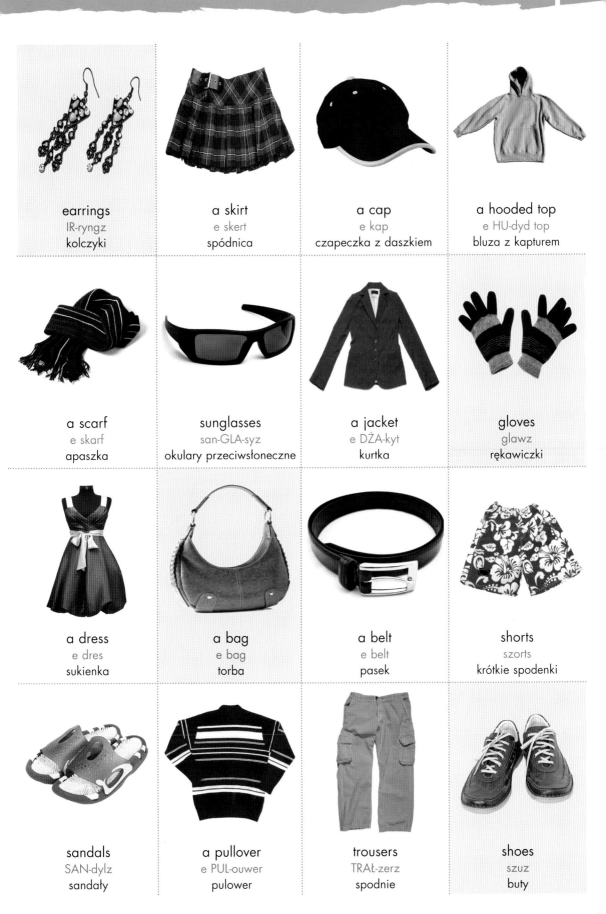

earrings
IR-ryngz
kolczyki

a skirt
e skert
spódnica

a cap
e kap
czapeczka z daszkiem

a hooded top
e HU-dyd top
bluza z kapturem

a scarf
e skarf
apaszka

sunglasses
san-GLA-syz
okulary przeciwsłoneczne

a jacket
e DŻA-kyt
kurtka

gloves
glawz
rękawiczki

a dress
e dres
sukienka

a bag
e bag
torba

a belt
e belt
pasek

shorts
szorts
krótkie spodenki

sandals
SAN-dylz
sandały

a pullover
e PUL-ouwer
pulower

trousers
TRAŁ-zerz
spodnie

shoes
szuz
buty

TECHNOMANIAK

I'll send a text message.
Ajl send e tekst ME-sydż.
Wyślę sms-a.

I chat with my friends on the Internet.
Aj chat łyz maj frendz on zi YN-ter-net.
Rozmawiam z przyjaciółmi przez Internet.

Let's take a photo.
Lets tejk e fou-tou.
Zróbmy zdjęcie.

I need to check my emails.
Aj nid tu czek maj I-mejlz.
Muszę sprawdzić emaile.

Don't forget to charge your mobile!
Dount for-GET tu czardż jor MOU-bajl!
Nie zapomnij naładować komórki!

We love video games.
Łi law WYD-jou gejmz.
Uwielbiamy gry komputerowe.

radio
REJ-di-ou
radio

camcorder
KAM-ko-der
kamkorder

laptop
LAP-top
laptop

Computer
Kom-PJU-ter
Komputer

computer screen
kom-PJU-ter skrin
monitor

webcam
ŁEB-kam
kamera internetowa

computer keyboard
kom-PJU-ter KI-bord
klawiatura komputerowa

mouse
maus
myszka

camera
KA-me-ra
aparat fotograficzny

games console
gejm kon-SOUL
konsola do gier

ipod/mp3 player
aj-pod/em-pi-sri PLE-jer
ipod/odtwarzacz mp3

DVD player
di-wi-di PLE-jer
odtwarzacz DVD

mobile phone
MOU-bajl foun
telefon komórkowy

DVD
di-wi-di
DVD

television
te-le-WY-żyn
telewizor

PO SZKOLE

I play in a band.
Aj plej yn e band.
Gram w zespole.

I like hip-hop. Aj lajk hyp-hop. Lubię hip-hop.	dance dans dance	rock rok rock
heavy metal HE-wi ME-tyl heavy metal	R 'n' B ar-en-bi R 'n' B	pop pop pop

Do you play an instrument?
Du ju plej en YN-stru-ment?
Czy grasz na jakimś instrumencie?

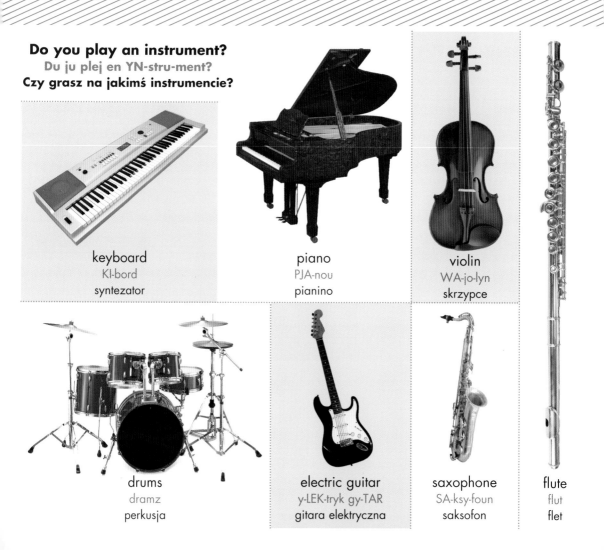

keyboard
KI-bord
syntezator

piano
PJA-nou
pianino

violin
WA-jo-lyn
skrzypce

drums
dramz
perkusja

electric guitar
y-LEK-tryk gy-TAR
gitara elektryczna

saxophone
SA-ksy-foun
saksofon

flute
flut
flet

We lost the match 1–0.
Łi lost ze macz one tu ZI-rou.
Przegraliśmy mecz 1–0.

Which football team do you support?
Łycz FUT-bol tim du ju sy-PORT?
Jakiej drużynie piłkarskiej kibicujesz?

We won the last match.
Łi łon ze last macz.
Wygraliśmy ostatni mecz.

What sport do you like?
Łot sport du ju lajk?
Jaki sport lubisz?

swimming
SŁY-myn
pływanie

rugby
RAG-bi
rugby

tennis
TE-nys
tenis

horse-riding
HORS-raj-dyn
jazda konna

cycling
SAJK-lyn
jazda na rowerze

running
RAN-yn
biegi

judo
DŻU-dou
dżudo

skiing
SKI-yn
narciarstwo

rock climbing
ROK klaj-myn
wspinaczka

TAM I Z POWROTEM

This is my house.
Zys yz maj haus.
To jest mój dom.

I live in a block of flats.
Aj lyw yn e blok ow flats.
Mieszkam w bloku.

zoo
zu
zoo

Internet café
YN-ter-net KA-fej
kafejka internetowa

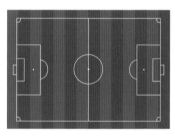

football pitch
FUT-bol pycz
boisko piłkarskie

sports centre
sports SEN-ter
centrum sportowe

swimming pool
SŁY-myn pul
pływalnia

library
LAJ-bre-ri
biblioteka

hotel
hou-TEL
hotel

restaurant
RE-stau-rant
restauracja

hairdresser's
HER-dre-serz
salon fryzjerski

Is there a café near here?
Yz zer e SZO-pyn SEN-ter nir hir?
Czy w pobliżu jest kawiarnia?

The theme park is brilliant!
Ze sim park yz BRYL-jant!
Wesołe miasteczko jest wspaniałe!

police station
py-LIS STEJ-szyn
posterunek policji

museum
mju-ZI-jem
muzeum

post office
poust ofys
poczta

cinema
SY-ne-ma
kino

park
park
park

campsite
KAMP-sajt
pole biwakowe

public toilets
PA-blyk TOJ-lets
toaleta publiczna

tourist information office
TU-ryst in-for-MEJ-szyn ofys
biuro informacji turystycznej

hospital
HOS-py-tal
szpital

ZAKUPY „Z GŁOWĄ"

I love shopping with my friends!
Aj law SZO-pyn łyz maj frendz!
Uwielbiam robić zakupy z przyjaciółmi.

How much does this cost?
Hał macz daz zys kost?
Ile to kosztuje?

Twenty pounds, please.
TŁEN-ti paundz, pliz.
Dwadzieścia funtów.

a music shop
e mjuzik szop
sklep muzyczny

a game store
e gejm stor
sklep z grami komputerowymi

a clothes shop
e klouz szop
sklep odzieżowy

a gift shop
e gyft szop
sklep z upominkami

a sports shop
e sports szop
sklep sportowy

a cake shop
e kejk szop
ciastkarnia

a shoe shop
a szu szop
sklep obuwniczy

a supermarket
e SU-per-mar-kyt
supermarket

I'd like two postcards, please.
Ajd lajk tu POUST-kardz, pliz.
Poproszę dwie pocztówki.

Oh no! It's too expensive.
Oł nou! Yts tu yk-SPEN-syw.
Ojej! To jest za drogie.

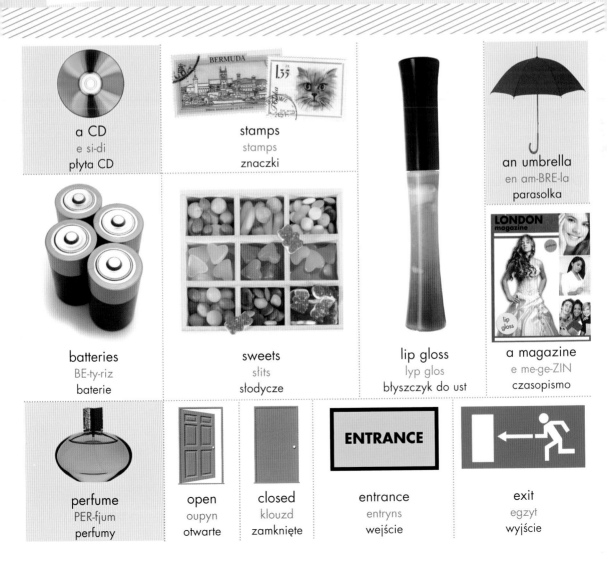

a CD	stamps		an umbrella
e si-di	stamps		en am-BRE-la
płyta CD	znaczki		parasolka

batteries	sweets	lip gloss	a magazine
BE-ty-riz	słits	lyp glos	e me-ge-ZIN
baterie	słodycze	błyszczyk do ust	czasopismo

perfume	open	closed	entrance	exit
PER-fjum	oupyn	klouzd	entryns	egzyt
perfumy	otwarte	zamknięte	wejście	wyjście

WESOŁA SZKOŁA

I'm very good at maths.
Ajm weri gud et mats.
Jestem dobry z matematyki.

I'm terrible at art.
Ajm TE-ry-byl et art.
Nie jestem dobra z plastyki.

I have a lot of homework!
Aj hew e lot ow HOUM-łyrk!
Mam dużo prac domowych!

I walk to school.
Aj łok tu skul.
Do szkoły chodzę na pieszo.

I take the bus.
Aj tejk ze bas.
Dojeżdżam autobusem.

School subjects
Skul SAB-dżekts
Przedmioty szkolne

French	Spanish	Geography	History	Science
frencz	SPA-nysz	dżi-OU-gry-fi	HYS-tri	SA-jyns
język francuski	język hiszpański	geografia	historia	fizyka

I.C.T.	Drama	Technology	P.E.
aj-si-ti	DRA-ma	tek-NO-lo-dżi	pi-i
informatyka	aktorstwo	technika	wychowanie fizyczne

Inside the classroom
Yn-SAJD ze KLAS-rum
W klasie

teacher
TI-czer
nauczyciel

a board
e bord
tablica

students
STJU-dents
uczniowe

a desk
e desk
ławka

a chair
e czer
krzesło

School starts at 8:45.
Skul starts et ejt FOR-ti fajw.
Lekcje zaczynają się o 8.45.

School finishes at 3:30.
Skul FY-ny-szyz et sri SER-ti.
Szkoła kończy się o 15.30.

In my school bag
Yn maj skul bag
W szkolnej torbie

pens
penz
długopisy

pencils
PEN-sylz
ołówki

a pencil case
e PEN-syl kejs
piórnik

an eraser
en y-REJ-zyr
gumka

an exercise book
en E-ksy-sajz buk
zeszyt

a memory stick
e ME-mo-ri styk
pamięć przenośna

a dictionary
e DY-kszy-ne-ri
słownik

a calculator
e KAL-kju-lej-tyr
kalkulator

TAM I Z POWROTEM

We usually get the bus to go to town.
łi JU-żli get ze bas tu gou tu taun.
Zazwyczaj jeździmy do miasta autobusem.

Two singles to Derby, please.
Tu SYN-gylz tu DAR-bi, pliz.
Poproszę dwa bilety do Derby.

plane
plejn
samolot

boat
bout
statek

motorbike
MOU-tyr-bajk
motor

taxi
TA-ksi
taksówka

airport
ER-port
lotnisko

train
trejn
pociąg

car
kar
samochód

bus
bas
autobus

scooter
SKU-ter
skuter

bus stop
bas stop
przystanek autobusowy

railway station
REJL-wej stej-szyn
dworzec kolejowy

Can you tell me how to get to the station, please?
Ken ju tel mi hał tu get tu ze STEJ-szyn, pliz?
Jak dostać się na stację?

Carry on down this road.
Keri on daun zys roud.
Proszę iść wdłuż tej drogi.

What time is the next train to...?
Łot tajm yz ze nekst trejn tu?
O której jest następny pociąg do...?

Which platform is it?
Łycz PLAT-form yz yt?
Z którego peronu?

Turn right.
Tern rajt.
Skręć w prawo.

Turn left.
Tern left.
Skręć w lewo.

Go straight on.
Goł strejt on.
Idź prosto.

at the roundabout
et ze RAUND-e-baut
na rondzie

How do I get to the beach?
Hał du aj get tu ze bicz?
Jak dostać się na plażę?

Take bus 23.
Tejk bas TŁEN-ti sri.
Autobusem numer 23.

at the crossroads
et ze KROS-rouds
na skrzyżowaniu

at the traffic lights
et ze TRA-fyk lajts
na światłach

at the bridge
et ze brydż
na moście

PRACA SIĘ OPŁACA

I'd like to be a doctor.
Ajd lajk tu bi e DOK-tyr.
Chcę zostać lekarzem.

a sportsperson
e SPORTS-per-syn
sportowiec

a journalist
e DŻER-ny-lyst
dziennikarz

a dentist
e DEN-tyst
dentysta

a vet
e wet
weterynarz

an office
en ofys
biuro

When I leave school, I'm going
to work in a shop.
Łen aj liw skul, ajm gołyn tu łork
yn e szop.
Po skończeniu szkoły będę pracować
w sklepie.

outdoors
AŁT-dorz
na zewnątrz

a factory
e FAK-tri
fabryka

a chef
e szef
kucharz

a mechanic
e my-KE-nyk
mechanik

a photographer
e fo-TO-gry-fer
fotograf

a fireman
e FA-jer-man
strażak

a scientist
e SA-jen-tyst
naukowiec

a policeman
e py-LIS-man
policjant

I have a part-time job.
Aj hew e part-tajm dżob.
Mam dorywczą pracę.

babysitting
BEJ-bi-sy-tyn
opiekowanie się dziećmi

I deliver newspapers in the morning.
Aj dy-LY-wer NJUZ-pej-perz yn ze mornyn.
Rano dowożę gazety.

walking dogs
ŁO-kyn dogz
wyprowadzanie psów

mowing the lawn
MO-łyn the lon
koszenie trwnika

JAK SIĘ CZUJESZ?

How are you?
Hał ar ju?
Jak się masz?

Not so great.
Not sou grejt.
Tak sobie.

I'm fine, thanks.
Ajm fajn, senks.
W porządku, zięuję.

I'm happy.
Ajm HE-pi.
Jestem szczęśliwy/a.

I'm sad.
Ajm sad.
Jestem smutny/a.

I'm scared.
Ajm skerd.
Boje się.

I'm a bit bored.
Ajm e byt bord.
Trochę się nudzę.

I'm having fun here.
Ajm HE-wyn fan hir.
Dobrze się bawię.

I'm angry.
Ajm AN-gri.
Jestem zły/a.

What do you think ?
Łot du ju synk?
Co o tym sądzisz?

It's really cool!
Yts RY-li kul!
To jest naprawdę super!

great
grejt
świetne

easy
i-zi
proste

difficult
DY-fy-kylt
trudne

rubbish
RA-bysz
głupie

fun
fan
zabawne

interesting
IN-tre-styn
interesujące

Not feeling well?
Źle się czujesz?
Nie czujesz się zbyt dobrze?

I'm thirsty.
Ajm SER-sti.
Jestem spragniony/a.

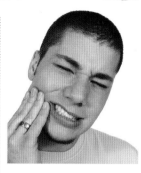

I have toothache.
Aj hew a TUS-ejk.
Boli mnie ząb.

I'm hungry.
Ajm HAN-gri.
Jestem głodny/a.

I feel sick.
Aj fil syk.
Niedobrze mi.

I'm cold
Ajm kould.
Jest mi zimno.

I've got a temperature.
Ajw got e TEM-pry-czer.
Mam temperaturę.

I'd like to see a doctor.
Ajd lajk tu si e DOK-tor.
Chciałbym/chciałabym umówić się do lekarza.

I'm hot.
Ajm hot.
Jest mi gorąco.

I'm tired.
Ajm TA-jerd.
Jestem zmęczony/a.

I feel sleepy.
Aj fil SLI-pi.
Jestem śpiący/a.

I've got a stomach ache.
Ajw got e STO-mak ejk.
Boli mnie brzuch.

I've got a headache.
Ajw got e HED-ejk.
Boli mnie głowa.

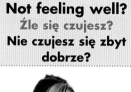

ZASADY WYMOWY

Angielski dźwięk	Wymawia się trochę jak
a	„e" w słowie belka
e	„e" w słowie belka
i	„y" w słowie pył
o	„o" w słowie dom
u	„a" w słowie bal
c, ck, k	„k" w słowie kura
g	„g" w słowie grupa
f, ph	„f" w słowie flaga
v	„w" słowie waga
z	„z" w słowie zamek
sh	„sz" w słowie szczotka
ch, tch	„cz" w słowie czapka
j, dg	„dż" w słowie dżem
w, wh	„ł" w słowie łódź
y	„i" w słowie jabłko lub „aj" w słowie bajka lub „y" w słowie mydło
r, wr	„r" w słowie rower

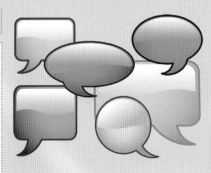

W angielskim akcent pada zwykle na część wyrazu.

W tej książeczce sylaby napisane wielką literą oznaczają sylabę akcentowaną.

d, t, s, b, p	Te dźwięki wymawia się tak samo jak w polskim.

W takich słowach jak Africa, bag, Canada albo car a wymawia się „w środku" pomiędzy polskim dźwiękiem a i polskim dźwiękiem e.

Wymawiając angielski dźwięk r lekko cofamy język w stronę gardła.

Th („sepleniące" s albo z): wymawiamy jako s albo z, jednocześnie wysuwając język do przodu i dotykając nim zębów.